BOKO PASCAL AKABASSI

Perdono: dinamica di pazienza, compassione, e abnegazione

BOKO PASCAL AKABASSI

Perdono: dinamica di pazienza, compassione, e abnegazione

Prospettiva biocentrica in Matteo 18, 23-35

Edizioni Sant'Antonio

Imprint
Any brand names and product names mentioned in this book are subject to trademark, brand or patent protection and are trademarks or registered trademarks of their respective holders. The use of brand names, product names, common names, trade names, product descriptions etc. even without a particular marking in this work is in no way to be construed to mean that such names may be regarded as unrestricted in respect of trademark and brand protection legislation and could thus be used by anyone.

Cover image: www.ingimage.com

Publisher:
Edizioni Accademiche Italiane
is a trademark of
Dodo Books Indian Ocean Ltd. and OmniScriptum S.R.L publishing group

120 High Road, East Finchley, London, N2 9ED, United Kingdom
Str. Armeneasca 28/1, office 1, Chisinau MD-2012, Republic of Moldova, Europe
Printed at: see last page
ISBN: 978-613-8-39446-4

Perdono: dinamica di pazienza, compassione e abnegazione.

Prospettiva biocentrica in Matteo 18, 23-35

INTRODUZIONE

Il capitolo 18, basato sull'essere ed il vivere insieme nella comunità matteana si preoccupa in particolare della risoluzione dei problemi e dei conflitti tra i seguaci di Gesù. Perdonare è un dovere essenziale ed esistenziale che impegna e coinvolge l'integralità della persona umana in sé e nelle sue relazioni. I rapporti con Dio Padre e i fratelli non possono viversi senza l'imitazione del Re celeste misericordioso, che si muove a compassione e perdona tutto a tutti senza restrizione. Mt 18, 23-35, nel paragonare il regno dei cieli a un "uomo re", sdrammatizza la regalità e la democratizza, facendone non più un potere dispotico e terrificante, di castigo e di vendetta, quanto piuttosto di liberazione e di remissione dei debiti. Il discepolo offeso, come il Padre celeste, deve usare il suo potere legale, quindi la sua capacità di essere magnanimo ed imitare la misericordia di Dio. Anzi, il perdono fraterno diventa la nuova dinamica che regge e promuove la comunità come famiglia di Dio. Il ricordo di essere stato grande debitore perdonato dispone il discepolo all'ascolto del suo fratello, a muoversi per lui a compassione e a rimettere il suo piccolo debito. Perdonare è una dinamica che scaturisce dal grembo, dalle viscere e dal cuore per sostituirsi all'altro nell'abnegazione, per arricchire il fratello, rendendolo libero, saldo, degno e salvo. La parabola del debitore spietato (Mt 18,23-35) avviene non per illustrare la riposta di Gesù a Pietro e rinforzare i suoi insegnamenti ma per fare del perdono un dono totale di sé nella sua densità essenziale ed esistenziale.

1. STATUS QUAESTIONIS, TESI, METODOLOGIA

1.1 Status quaestionis

La maggior parte dei commentatori del capitolo 18 ha rilevato il suo ruolo nel chiarificare con forza, regolarità e risolutezza gli insegnamenti di Gesù sul perdono e la loro connessione con le parabole sul regno dei cieli[1]. Occorre qui prendere in considerazione U. Luz, S. R. Driver, C. Keener, W. D. Dale e C. Allison, T.G. Long, S. Grasso, M. Grilli e C. Langner, e H. Frankemöelle, che nei loro commentari hanno esplorato gli aspetti storici, e teologici della parabola e hanno rintracciato la dinamica esegetico-etica del vivere nella comunità matteana. Gli autori citati hanno riscontrato, nella maggior parte dei loro scritti, come nell'atto di giudicare (συνᾶραι λόγον) sia l'esercizio della giustizia di Dio che manifesta la sua misericordia ai peccatori al di là delle loro attese. I seguaci di Gesù devono superare e sorpassare il legalismo giuridico giudaico imitando Dio, il re Padre. La sfortuna del servo spietato è dovuta alla sua ingratitudine verso la magnanimità del re, nel momento in cui rifiuta di rimettere l'insignificante debito del suo compagno. La parabola è un'illustrazione della riposta di Gesù a Pietro nel versetto 22.

Ma nessuno di questi autori ha studiato la tematica del perdono nel suo dinamismo costitutivo ed espressivo. Nell'opinione di Samuel Rolles Driver, Matteo avrebbe creato un contrasto letterario, menzionando il grande debito di diecimila talenti e cento denari parallelamente ai numeri "sette" e "settanta sette volte sette", cifre che evocano la vendetta di Caino e quella di Lamech[2]. La storia sarebbe quella di un ricco commerciante adattata dall'editore per l'uso circostanziale del perdono. Riferendosi al versetto 23, conclude che la misericordia vuole svelare il dovere di coloro che aspettano di entrare nel regno dei cieli, istituendo così un legame tra il perdono e la speranza. Assumiamo che, nella dinamica matteana del perdono, l'imitazione della misericordia (Mt 6,12) contiene il sé il fatto di voler vivere con il Padre. Anzi, il perdono suppone un giudizio (συνᾶραι λόγον) che condiziona

[1] La parabola del grano e della zizzania (Mt 13,24-30), la parabola del granello di senape (Mt 13,31-32), del lievito (Mt 13, 33), del tesoro (Mt 13, 44-46), la parabola del mercante di perle preziose (Mt 13, 45-46), della rete (Mt13,47-50), degli operai mandati nella vigna (Mt 20-16), del banchetto nuziale (Mt 22,2-22), delle dieci vergini (Mt 25, 1-13).

[2] S. R., DRIVER, *The International Critical Commentary on the Old and New Testaments* (Edinburg 1993) 199-201

l'ingresso o la scomunica (18,17). Ma la nostra parabola non pone direttamente il perdono in relazione al desiderio di entrare nel regno, ma si occupa piuttosto dei movimenti che costituiscono la dinamica del perdono. Se ne individuano tre: la pazienza, la compassione e l'abnegazione. La menzione dell'avverbio " Οὕτως" alla fine della parabola evoca tutte queste virtù che troviamo nel processo del perdono del signore (κύριος).

L'esegeta Ulrich Luz, nel suo approccio esegetico-etico ha rilevato il carattere redazionale della parabola, supponendo una preesistenza orale del racconto che Matteo avrebbe condotto con stile parabolico nella prospettiva di rispondere definitivamente alla domanda di Pietro del versetto 21. Siamo d'accordo con la sua argomentazione che Mt 18,23-35 si trova all'intersezione tra il giudizio e la grazia. Il giudizio in Matteo è ausiliare. La pazienza spinge il seguace di Gesù a esercitare la misericordia del Padre[3]. Fin d'ora una minaccia pende sulla testa dei seguaci di Gesù. Chi non perdona con il cuore corre il rischio di rompere, di fatto, la comunione.

Ma vogliamo insistere sul movimento costitutivo e dinamico del perdonare. Il perdono non consiste soltanto nel rimettere il debito. Il perdono è una triplice dinamica di pazienza, di compassione e di abnegazione totale nelle situazioni conflittuali e problematiche della società. Detto altrimenti, la comunità si apre all'universalità (Mt 5, 22.24; 12,50; 25,40). Essa esclude i legami di sangue (γένος) o di cultura per diventare un popolo (λαός) di fraternità. Costituta da Giudei e Greci, la comunità matteana vive sotto il potere del re Padre celeste che concede ai suoi figli la facoltà di perdonarsi senza limite. Infatti, i problemi e i conflitti fanno parte dell'esistenza umana. L'essere sociale obbliga il discepolo, a rimanere permanentemente paziente verso gli altri. In questo senso, la pazienza è la disposizione a sentire modestamente di sé, a sopportare, a non essere propenso alla

[3] U. LUZ, *Vangelio segùn San Mateo* (Salamanca 2003)111.

collera, a rimandare un'offesa, a rinviare a un'altra data un debito, a ritardare un giudizio. Psicologicamente, la pazienza suppone una disponibilità all'ascolto e una volontà di superare il conflitto, di vedere, aldilà dell'offesa, la dimensione di solidarietà con l'offensore, e, infine, di cancellare l'offesa. La compassione rinvia alla vera solidarietà, che conduce a prendere su di sé la miseria degli altri. E l'abnegazione è il rifiuto di sé, dei propri interessi per il bene degli altri. Perdonare consiste nell'andare al di là del dono, nel superare l'offesa ed esprimere la propria bontà con tutta la propria condotta di vita. Poiché l'offesa è considerata come un debito, il perdono diventa un abbandono dei propri interessi per il bene dei fratelli.

Quanto a Santi Grasso, costui ha il merito di approfondire il suo commentario sulla misericordia che noi chiamiamo "commutativa". A differenza della logica della preghiera del Padre Nostro "rimetti a noi i nostri debiti come anche noi li rimettiamo ai nostri debitori", egli rileva che Matteo presenta il perdono ai fratelli come condizione della misericordia di Dio[4].

Facendo una buona analisi di σπλαγχνίζομαι nel versetto 27 e dell'espressione ἀφίημι ἀπὸ της καρδίας nel versetto 35, Santi Grasso lascia intendere che il perdono è un movimento che parte dalle viscere della persona umana. Egli lo spiega ancora come una contrizione delle viscere che di solito Matteo riserva a Gesù per rilevare il suo stato d'animo di fronte alle folle stanche[5] o malate[6] o affamate[7] o davanti ai due ciechi di Gerico[8]. Inoltre l'esegeta rileva che questa indulgenza permette a Matteo di mettere in evidenza la personalità del re, che potrebbe esercitare la sua autorità dispotica, ma usa la sua misericordia salvando la libertà del servo e della sua famiglia e condonando il debito[9]. Il Padre non pone pertanto condizioni o limiti al suo

[4] Mt 6, 12
[5] Mt 9,36..
[6] Mt 14,14
[7] Mt 15,32
[8] Mt 20,32
[9] S. GRASSO, *Il Vangelo di Matteo*. Un Commento esegetico e teologico (Roma 2014) 362

condono. Egli manifesta davvero la sua capacità di concedere oltre il richiesto. Lo Οὕτως del versetto 35 fornisce una riposta alla domanda di Pietro a Gesù nel versetto 21.

L'espressione "ἀφίημι ἀπὸ του καρδίας" pone l'accento non tanto sul perdono illimitato ma su quello incondizionato del Padre. Esso deriva dalla coscienza e dalla memoria di avere un debito impagabile che, condonato dal Padre, è allo stesso tempo uno stimolo ed uno stile di perdono nei confronti dei fratelli, che sono gli altri, quindi tutti gli uomini (cf. Mt 5,22). Siamo d'accordo con Santi Grasso per il suo approfondimento della tematica del perdono, basandosi sull'espressione ἀπὸ του καρδίας. Ma vogliamo rileggere l'espressione in combinazione con σπλαγχνίζομαι e il verbo μακροθυμέω e ripensare la misericordia in un legame con la memoria che presuppone passato, presente e futuro.

1.2Tesi:

Vogliamo dimostrare che in Mt 18, 23-35 il perdono è dinamica di pazienza, di compassione e d'abnegazione totale che impegna e coinvolge l'interezza della persona in sé e nelle sue relazioni sociali e cosmiche. Perdonare non è dimenticare. Positivizzare la memoria dispone a ricevere il perdono e a manifestare la misericordia agli altri. Nostro approccio ci porterà a ridefinire la misericordia ed a proporne una nuova antropologia.

1.3 Metodologia

Utilizzeremo la metodologia dell'extra-testualità, dell'inter-testualità e dell'intra-testualità delle seguenti parole ed espressioni: σπλαγχνίζομαι, μακροθυμέω, ἀφίημι ἀπὸ του καρδίας. La critica testuale, quando necessaria, ed il metodo narrativo ci aiuteranno nell'elaborazione dello scritto.

2. TRADUZIONE, DELIMITAZIONE E STRUTTURA DI MT 18,23-35

2.1 Il testo greco

23 Διὰ τοῦτο ὡμοιώθη ἡ βασιλεία τῶν οὐρανῶν ἀνθρώπῳ βασιλεῖ, ὃς ἠθέλησεν συνᾶραι λόγον μετὰ τῶν δούλων αὐτοῦ.

24 Ἀρξαμένου δὲ αὐτοῦ συναίρειν, προσηνέχθη αὐτῷ εἷς ὀφειλέτης μυρίων ταλάντων.

25 Μὴ ἔχοντος δὲ αὐτοῦ ἀποδοῦναι ἐκέλευσεν αὐτὸν ὁ κύριος αὐτοῦ πραθῆναι, καὶ τὴν γυναῖκα αὐτοῦ καὶ τὰ τέκνα, καὶ πάντα ὅσα εἶχεν, καὶ ἀποδοθῆναι.

26 Πεσὼν οὖν ὁ δοῦλος προσεκύνει αὐτῷ, λέγων, Κύριε, Μακροθύμησον ἐπ' ἐμοί, καὶ πάντα σοι ἀποδώσω.

27 Σπλαγχνισθεὶς δὲ ὁ κύριος τοῦ δούλου ἐκείνου ἀπέλυσεν αὐτόν, καὶ τὸ δάνειον ἀφῆκεν αὐτῷ.

28 Ἐξελθὼν δὲ ὁ δοῦλος ἐκεῖνος εὗρεν ἕνα τῶν συνδούλων αὐτοῦ, ὃς ὤφειλεν αὐτῷ ἑκατὸν δηνάρια, καὶ κρατήσας αὐτὸν ἔπνιγεν, λέγων, Ἀπόδος μοι εἴ τι ὀφείλεις.

29 Πεσὼν οὖν ὁ σύνδουλος αὐτοῦ εἰς τοὺς πόδας αὐτοῦ παρεκάλει αὐτόν, λέγων, Μακροθύμησον ἐπ' ἐμοί, καὶ ἀποδώσω σοι.

30 Ὁ δὲ οὐκ ἤθελεν, ἀλλὰ ἀπελθὼν ἔβαλεν αὐτὸν εἰς φυλακήν, ἕως οὗ ἀποδῷ τὸ ὀφειλόμενον.

31 Ἰδόντες δὲ οἱ σύνδουλοι αὐτοῦ τὰ γενόμενα ἐλυπήθησαν σφόδρα· καὶ ἐλθόντες διεσάφησαν τῷ κυρίῳ ἑαυτῶν πάντα τὰ γενόμενα.

32 Τότε προσκαλεσάμενος αὐτὸν ὁ κύριος αὐτοῦ λέγει αὐτῷ, Δοῦλε πονηρέ, πᾶσαν τὴν ὀφειλὴν ἐκείνην ἀφῆκά σοι, ἐπεὶ παρεκάλεσάς με·

33 οὐκ ἔδει καὶ σὲ ἐλεῆσαι τὸν σύνδουλόν σου, ὡς καὶ ἐγώ σε ἠλέησα;

[34] Καὶ ὀργισθεὶς ὁ κύριος αὐτοῦ παρέδωκεν αὐτὸν τοῖς βασανισταῖς, ἕως οὗ ἀποδῷ πᾶν τὸ ὀφειλόμενον αὐτῷ.
[35] Οὕτως καὶ ὁ πατήρ μου ὁ ἐπουράνιος ποιήσει ὑμῖν, ἐὰν μὴ ἀφῆτε ἕκαστος τῷ ἀδελφῷ αὐτοῦ ἀπὸ τῶν καρδιῶν ὑμῶν τὰ παραπτώματα αὐτῶν.

2.2 Traduzione in Italiano

23 Per questo, il regno dei cieli è paragonato a un re che volle fare i conti con i suoi servi.
24 Avendo iniziato dunque a chiedere i conti, gli fu presentato un debitore di diecimila talenti.
25 Ma costui non era in grado di restituire, il padrone ordinò che fossero venduti lui con la sua moglie, i figli e quanto possedeva per saldare il debito.
26 Allora il servo, essendo caduto, lo supplicava dicendo: “Abbi pazienza con me e ti restituirò tutte le cose”.
27 Il padrone ebbe compassione di quel servo, lo liberò e gli condonò il debito.
28 Appena uscito, quel servo trovò uno dei suoi compagni, che gli doveva cento denari. Lo afferrò per il collo e lo soffocava, dicendo: “Restituisci quello che devi!”.
29 Essendo caduto, il suo compagno lo supplicava dicendo: “Abbi pazienza con me e ti restituirò”.
30 Ma egli non volle, andò e lo fece gettare in prigione, fino a che non avesse pagato il debito.
31 Avendo visto quello che accadeva, i suoi compagni furono molto dispiaciuti e andarono a riferire al loro padrone tutto l'accaduto.
32 Allora il padrone fece chiamare quell'uomo e gli disse: “Servo malvagio, io ti ho condonato tutto quel debito perché tu mi hai pregato.
33 Non dovevi anche tu aver pietà del tuo compagno, così come io ho avuto pietà di te?”.

34 Preso perciò dall'ira, il padrone lo consegnò agli sbirri, finché non gli avesse restituito tutto ciò che gli doveva.
35 Così anche il Padre mio celeste farà con voi se non perdonerete dal cuore, ciascuno al proprio fratello.

2.3 Delimitazione

Il nostro brano comincia al versetto 23 come una parabola che sembra illustrare l'insegnamento di Gesù sul perdono. Tematicamente la nostra pericope rinvia ai versetti 21 e 22 e costituisce un corpo didattico ben strutturato (18, 15-35)[10] preceduto da 18,1-14 sull'accoglienza dei piccoli[11]. Il versetto 21 prepara la parabola[12]. Ma considerando il genere letterario della parabola, è al versetto 23 che comincia realmente il brano. L'uso dell'espressione Διὰ τοῦτο rinvia ai versetti precedenti, portando all'argomento del perdonare senza fine. Il verbo di comparazione all'indicativo aoristo passivo ὡμοιώθη suppone due termini da paragonare: il regno del cielo (ἡ βασιλεία τῶν οὐρανῶν) è paragonato a un uomo re ἀνθρώπῳ βασιλεῖ. I luoghi del dramma sono la casa del re, gli spazi esterni alla casa e la caserma degli sbirri, (τοῖς βασανισταῖς) o la prigione (φυλακή). Il cambiamento è più riscontrabile nei movimenti di uscita e ritorno, per finire nella prigione. Il tempo non è specificato, ma possiamo immaginare il giorno, che sarebbe il tempo più propizio per fare o regolare i conti (συνᾶραι λόγον).

Dal punto di vista letterario, il versetto 35 viene a concludere la parabola dando il messaggio didattico del racconto. Il capitolo 19 comincia con un nuovo tema, quello della famiglia e del divorzio con i personaggi dei Farisei. Anzi, il versetto 19,1

---

[10] OPORTO, S.G., *Los cuatro evangelios* (Salamanca 2010) 321.

[11] OPORTO, S.G.,320.

[12] C.S. KEENNER, *The Gospel of Matthew*. A Socio-Rhetorical Commentary (Grand Rapids, Michigan 2009) 456. Per questo autore, la sezione comincia dal versetto 21 e finisce al versetto 35.

comincia con la formula d'introduzione di racconto Καὶ ἐγένετο equivalente dell'ebraico וַיְהִי, proprio dei racconti. Il verbo τελέω esprime la fine del discorso precedente di Gesù. Il luogo si muove all'inizio del capitolo 19 dalla Galilea verso il territorio della Giudea, aldilà del Giordano[13]. Aggiungiamo che il grande blocco comincia con il piccolo e finisce con il peccatore, dove il piccolo è ascoltato senza limite e il peccatore è perdonato di ogni debito[14] e rinnovato.

2.4 Struttura

La struttura è chiara, se si segue l'organizzazione letteraria della parabola. Lo sviluppo del brano avviene secondo la successione dei personaggi e degli indici linguistici. La pericope si presenta come un dramma in tre atti preceduti da un'introduzione e seguiti da una conclusione. Il brano è stabilito secondo la struttura seguente:

2.3.1 v 23 Introduzione: presentazione di personaggi e della situazione di partenza.

Il versetto 23 introduce la comparazione. Il regno del cielo è paragonato a un uomo re. Due regalità, di piani diversi, sono da comparare. Si può già immaginare tutto il linguaggio simbolico che l'autore userà per rendere intelligibile il suo discorso agli ascoltatori abituati a questo genere letterario. Il denominatore comune è la regalità: il regno dei cieli (ἡ βασιλεία τῶν οὐρανῶν) è comparato a un uomo re (ἀνθρώπῳ βασιλεῖ), come la regalità palestinese influenzata dai regni pagani[15]. Matteo aggiunge "uomo" per creare l'ambiente umano che presuppone un ambito geo-politico, amministrativo, economico, finanziario, sociale ed una polizia, nonché una prigione. L'espressione "fare conto" (συνᾶραι λόγον) sottintende una legge per regolare la vita quotidiana e facilitare un buon governo delle persone e dei beni. I

---

[13] Mt 19,1

[14] FAUSTI, S., *Una comunità legge il vangelo di Matteo* (Bologna 1999) 368.

[15] C.S., KEENNER, 457.

personaggi dei servi (δοῦλοι) devono rendere conto della loro gestione. La particella μετὰ rileva bene la loro situazione amministrativa, giuridico-sociale. Essi devono farsi carico delle loro responsabilità verso l'economia e la finanza regale.

2.3.2 Vv 24- 27: Atto 1: Supplica e cancellazione del debito.

Il delitto è consumato. L'anonimato del servo debitore ὀφειλέτης[16] nasconde la possibilità che la sua vicenda si ripeta per chiunque agisca come lui, avendo riservata la stessa sorte. Questo debitore sarebbe un membro della corte regale[17]. Nel supplicare il suo signore, egli promette di pagare una grande somma di denaro (μύριοι τάλαντον), equivalente a 12.000.000 dollari[18] o 60.000.000 di salari quotidiani o 200.000 anni di lavoro senza mangiare[19]. La soluzione che conviene è chiara: che siano venduti (πραθῆναι)[20] tutta la sua famiglia (τὴν γυναῖκα καὶ τὰ τέκνα) e tutti i suoi averi (καὶ πάντα ὅσα ἔχει). L'uso dell'infinito aoristo ἀποδοθῆναι nel versetto 25 rivela l'aspetto concreto e reale dell'atto di repressione penale. Una sola soluzione si offre: supplicare sollecitando la pazienza e la clemenza del re. L'espressione di supplica "μακροθύμησον ἐπ' ἐμοι" implica una richiesta non soltanto di dilazionare un debito da pagare, ma soprattutto di compassione per salvarlo dalla crisi. La promessa " πάντα σοι ἀποδώσω" era di fatto irrealizzabile, oppure semplicemente una bugia. Il servo sembra conoscere il principio della remissione dei debiti ai debitori perché loro possano condonare i debiti dei loro compagni[21]. Il re, essedo consapevole dell' incapacità del servo di pagare i debiti, ha

---

[16] Mt 18,24

[17] MATEOS, J, CAMACHO, P., *El Evangelo de Matteo* (Madrid 1981) 188.

[18] H.H., HOBBS, *An Exposition of the Four Gospels*. The Gospel of Matthew, The Gospel of Mark I (Grand Rapids 1996) 251

[19] FAUSTI, S., 366-367.

[20] Mt 18,25.

[21] C.S. KEENNER,., 459.

compassione (σπλαγχνισθεὶς)[22] di lui, lo lascia andare (ἀπέλυσεν) e gli condona il debito (τὸ δάνειον ἀφῆκεν αὐτω)[23].

2.3.3 Vv 28-30: Atto 2: Supplica e rifiuto di pietà.

L'appellazione "ὁ δοῦλος ἐκεῖνος" serve in generale per identificare il personaggio con dubbio[24] o certezza[25], per denunciare la sua cattiveria[26], il suo peccato[27], per indicare il suo castigo[28], o la sua condanna a morte[29], per pronunciare la sua maledizione[30], o per dichiararlo beato[31]. L'uso dell'espressione rivela qui il suo carattere enigmatico. Il lettore, preso dalla suspense, si trova sul punto di assistere a un rovesciamento della situazione e dei ruoli. Siamo qui nell'atto 2 del dramma. Dopo l'uscita, pur avendo beneficiato della bontà e della misericordia del suo padrone, questo servo si scaglia su uno dei suoi compagni che gli doveva soltanto cento denari (ἑκατὸν δηνάρια), ossia 100 giorni di lavoro[32], il talento essendo il salario giornaliero dell'operaio[33]. Egli lo afferra e quasi lo strozza. Rimasto indifferente alla supplica del suo compagno, lo getta in prigione. Quest'atteggiamento segna il colmo della sua malvagità e marca il "climax" del racconto.

---

[22] Mt 18,27
[23] Mt 18,27.
[24] Gn 24,65
[25] Gn 43,28.
[26] Lc 12, 45. 47 ;24, 48 ;
[27] Nb 9,13 ;
[28] Lc 12,47
[29] Dt 13,6 ;
[30] Ger 20,16 ; Mt 26,24 ; Mc 14,2.
[31] Mt 24,46 ; Lc 12, 43.
[32] ZANTCHETTIN, L., *Matthew.* A Devotional Commentary (New Jersey 1997) 195.
[33] MATEOS, J, CAMACHO, P., 188.

2.3.4 Vv 31 – 34 Atto 3: L'esito e situazione finale del racconto - condanna da parte del padrone

La menzione di "οἱ σύνδουλοι" ha la caratteristica di rilevare l'appartenenza alla stessa classe sociale, alla stessa corporazione di lavoro, alla stessa condizione sociale. Si tratta della classe degli umili, dei servi dipendenti sottomessi alla stessa padronanza. Quest'appellazione sottintende una condivisione di amicizia, di solidarietà. Matteo usando un doppio participio "ἰδόντες" e "τὰ γενόμενα,"[34] ravviva la memoria dei compagni e li rende testimoni oculari dello spettacolo. L'avverbio "σφόδρα" esprime la gravità della delusione. Andarono a riferire (ἐλθόντες διεσάφησαν)[35] tutto al re. L'aoristo medio-passivo (ὀργισθεὶς)[36] evoca la grande collera del re. Questi lo condanna e lo invia in prigione. La condanna espressa dall'aoristo "παρέδωκεν" non è soltanto un atto giuridico di consegna, come nel caso di Gesù a Pilato, ma sancisce anche un'esclusione sociale. A partire da ora, il suo destino è confinato nelle mani degli aguzzini o degli sbirri, fino al pagamento del debito.

2.3.5 V 35 : Conclusione didattica della parabola.

L'avverbio Οὕτως[37] corrisponde all'espressione avverbiale "Διὰ τοῦτο"[38] dell'inizio, e fa dei versetti 24–34 un'inclusione letteraria. Il versetto 35 si inserisce chiaramente come a corroborare e rinforzare il genere letterario di parabola. Il contenuto del versetto è così ad un tempo un riassunto e la conclusione del brano. Questo versetto spiega la riposta di Gesù a Pietro: ἕως ἑπτάκις, ἀλλ' ἕως ἑβδομηκοντάκις ἑπτά"; quindi, perdonare con il cuore (ἀπὸ τῶν καρδιῶν ὑμῶν). Il vocabolo di fraternità (ἀδελφός), usato da Pietro nel versetto 21, è ripreso nel versetto

---

[34] Mt 18,31

[35]Mt 18,31

[36] Mt 18, 34

[37] Mt 18, 23. 35

[38] Mt 18,23

35 con la sostituzione della particella di genitivo di possesso μου[39] in αὐτοῦ[40]. L'introduzione del gruppo nominale "ὁ πατήρ μου" identifica chiaramente la nuova relazione che lega Gesù ai suoi seguaci. Sono i suoi fratelli. L'aspetto didattico è chiaro. I discepoli devono perdonare sempre, ognuno con tutta la sua vita, quindi dal profondo del cuore (ἀπὸ τῶν καρδιῶν). La particella di provenienza ἀπὸ precisa la dimensione di allontanamento da un punto di partenza e indica un movimento di uscita, di proiezione verso l'esterno, verso l'altro che Matteo chiama ἀδελφός.

3 ANALISI ESEGETICA: PERDONO, TRIPLICE DINAMICA DI PAZIENZA, COMPASSIONE, E ABNEGAZIONE

3.1Dinamica di pazienza o magnanimità (μακροθυμέω).

Nella letteratura extra-biblica il vocabolo μακροθυμέω dapprima indica la rinuncia al dovere di sentire modestamente di sé e di sopportare, di essere paziente[41]. Strabone usa il sostantivo per esprimere la pazienza tenace ed Artemidoro il verbo per "procrastinare", "attendere". Per questo autore, μακροθυμία è la perseveranza e la pazienza con cui il medico cura gravi malattie[42]. Plutarco vi trova la costanza nel sopportare le fatiche, la pazienza nel soffrire fino a raggiungere un obiettivo.

Nell'Antico Testamento, Il verbo μακροθυμέω traduce l'ebraico ארך.[43] Il verbo è in assiro *"arâku"* e in aramaico אֲרַח. Esso esprime all'inizio l'idea di essere esteso, e avendo come soggetto הַיָּמִים (i giorni, il tempo, la vita) acquisisce il senso di diventare lungo, durare molto. Il profeta Isaia, sull'influsso dell'arte dell'estensione militare-topografica, gli conferisce il senso di allungare le corde (יָתֵד)[44]. Nel senso

[39] Mt 18,21
[40] Mt 18, 35.
[41] G. KITTEL, (ed), *Grande Lessico del Nuovo VI* (Brescia, 1970) 1011-1012.
[42] G. KITTEL, (ed), *1013*
[43] E. HATCH, H. REDPATH, *A Concordance to the Septuagint* (Grand Rapids; Michigan 1998) 893
[44] Is 54, 2

figurato[45] ארך significa allungare il proprio naso (אַף),[46] quindi essere paziente[47], essere lento alla collera[48], differire, tollerare[49]. Il profeta Geremia, lo utilizza per indicare un essere dalla grande apertura alare[50] o dalle lunghe narici, che sono sede della collera, quindi un essere paziente[51]. Nei Proverbi[52], l'aggettivo esprime la proprietà di colui che è misericordioso, che si domina, che è padrone di se stesso[53], che trattiene la collera. Siracide lo usa per sottolineare la longanimità di Dio, che riversa sul suo popolo la sua misericordia.

Nel Nuovo Testamento, nell'episodio della vedova che importunava il giudice della città, Luca evoca la dimensione morale del giudizio di Dio e la sua pietà che non fanno attendere, non ritardano la causa del povero. Paolo ricorda ai Romani la pazienza e la magnanimità (μακροθυμία) verso la gente meritevole di collera.[54] In 1Cor 13,4, la carità, come un uomo virtuoso, è longanime, paziente (ἀγάπη μακροθυμει): i Tessalonicesi devono viverla verso tutti[55]. La lettera agli Ebrei usa due volte il verbo[56], invitando ad imitare la pazienza e la perseveranza di Abramo[57].

Nel vangelo di Matteo, μακροθυμέω assume tutti gli aspetti semantici di essere lento alla collera, ritenere la collera, sopportare, attendere, essere paziente, attento, misericordioso, e può anche significare differire il debito, perdonare e, finalmente, rimettere i debiti. Il debito era troppo importante: diecimila talenti (μυρίων

---

45 L. A. SCHOEKEL, *Dizionario di Ebraico Biblico* (Torino 2013)74-75
46 Is 48,9
47 P. RAYMOND, , *Dizionario di Ebraico e Aramaico Biblici*, (Roma 1995) 54- 55
48 Is 48, 9 ; Pr 19,11 ; Gb 6,11.
49 L. A. SCHOEKEL,*75*
50 Ez 17, 3
51 Es 34,6 cf Nb 14, 8, Ger 15, 15; Gl 2,13.
52 Sa 86,15; Pr 14,29
53 Pr 15,22
54 Rm 9,22.
55 1Tess 5,14 "... μακροθυμεῖτε πρὸς πάντας " si pu ; tradurlo : " .. Siate buoni con tutti "
56 J.P. GREEN, (ed), *The New Englishman's Greek Concordance and Lexicon*, (Peaboby, Massachusetts 1982) 3110.
57 Eb 6, 12. 15

ταλάντων), equivalente di 12 milioni di dollari[58], considerando che almeno 9.999 talenti, ossia 99.990.000 denari, erano l'equivalente di 250.000 anni di lavoro[59]. La situazione è quella di distrazione di fondi o di furto. Secondo la legge di Mosè, in Es 22,5 e Lv 25, 39.45, quando il ladro non è in grado di pagare, si deve venderlo per il suo furto. Anzi, il verbo "μακροθυμέω" in contesto di giudizio esprime dalla parte del servo debitore una richiesta di pazienza, di pietà, di perdono, di misericordia. D'altronde, nel capire il ruolo letterario del brano nel contesto complessivo del capitolo, possiamo considerarlo come un'illustrazione degli insegnamenti di Gesù sul perdono. Inoltre, la problematica della misericordia nella pericope è basata sul verbo "ἀφίημι" dei versetti 21 e 35 coll'appellativo " il mio fratello" (ὁ ἀδελφός μου)[60] ed il suo "fratello" (τῷ ἀδελφῷ αὐτοῦ)[61]. Così il verbo "μακροθυμέω" nella bocca del servitore debitore è un equivalente a ἀφίημι. E, vista la grande somma, che egli non poteva pagare, la sua richiesta non può essere soltanto una semplice pazienza, ma una ricerca di perdono per la mancanza di fiducia e di pietà, di remissione dei debiti.

Nell'insegnare ai suoi discepoli a pregare in Mt 6,12, Gesù diceva: " Καὶ ἄφες ἡμῖν τὰ ὀφειλήματα ἡμῶν, ὡς καὶ ἡμεῖς ἀφίεμεν τοῖς ὀφειλέταις ἡμῶν." L'uso di "μακροθυμέω " nella bocca del servo dei diecimila talenti ed in quella del suo compagno dei cento denari è l'espressione della commutatività del perdono. La ripetizione di ἀφίημι[62] nell'esprimere la commutatività è voluto da Matteo per sottolineare l'imitazione di Dio come un dovere. E il racconto del nostro brano appare finalmente come una ripresa dell'insegnamento di Mt 6, 14-15: "Se voi infatti non perdonerete agli altri le loro colpe (τὰ παραπτώματα αὐτῶν), neppure il Padre celeste perdonerà le "vostre colpe" (τὰ παραπτώματα ὑμῶν).

[58] M.R. VINCENT, *Word Studies in the New Testament* 1 (Peabody, Massachusetts) 106.

[59] C.S. KEENNER, 459.

[60] Mt 18,21

[61] Mt 18,35.

[62] J.P. GREEN, 109.

Il versetto 35 è chiaramente una ripresa di Mt 6,14-15 che insiste sui caratteri intero e definitivo del perdono. Il servo spietato dovrà andare in prigione e la sua famiglia sarà venduta. μακροθυμέωesprime in realità tutta la sua colpevolezza e la speranza di una possibile riduzione, scaglionamento, secondo un programma sopportabile da pagare, del debito. Finalmente, il verbo è sinonimo di ἐλεέω. Due verbi sono molto espressivi: il participio aoristo πεσὼν e l'imperfetto indicativo προσεκύνει. L'aoristo rileva la puntualità e la concretezza del "cadere" ed il participio attivo presente λέγων diventa un'espressione di ripetizione e di insistenza. Faccia a terra, il servo continuava nella sua supplica come i due ciechi che supplicavano Gesù senza affaticarsi nel salire da Gerico ἐλέησον ἡμᾶς, κύριε, υἱὸς Δαυίδ.

3.2 Dinamica di compassione (σπλαγχνίζομαι)

Nella letteratura greca, σπλαγχνεύω ha un corrispondente nel sostantivo σπλάγχνα, che designa le viscere della vittima di un sacrificio. Il verbo ha il senso di "mangiare le viscere durante il pasto di sacrificio"[63], o "usare le viscere di un animale per la divinazione"[64]. Nei tardivi scritti giudaici, il nome e il verbo sono usati al plurale, come in Pv 12, 10 רַחֲמִים e Pr 26,22 בֶּטֶן. In Sir 30,7 il sostantivo σπλάγχνα è l'equivalente del cuore, o del grembo. In Pr 17,5, ἐπισπλαγχνίζομαι significa "avere compassione". L'equivalente normale della LXX non è σπλάγχνα, ma οἰκτιρμοί. Similarmente, per tradurre il verbo רחם la LXX usa οἰκτί□□[65], □'□□έ□ e mai σπλαγχνίζομαι. In 2Macc 6,8, σπλαγχνίζειν è un verbo sacrificale e può essere tradotto come "partecipare ai banchetti sacrio "mangiare le carni dei sacrifici". Il sacrificio pagano era chiamato σπλαγχνισμός[66], o σπλαγχνοφάγον [67]. Il sostantivo

[63] G. FRIEDRICH, *Theological Dictionary of the New testament* VII (Grand Rapids, Michigan 1982) 549
[64] G FRIEDRICH, 549
[65] In una citazione dell'AT in Rm 9,15
[66]2Macc 2,42.

σπλάγχνον può indicare le viscere (בֶּטֶן)[68], o anche i sentimenti[69]. A volte σπλάγχνα indica la parte interna, intima dell'uomo, sede dei sentimenti, centro della sensibilità, di affezione, di dolore, in parallelo a καρδία e a ἥπατα.

Nel Nuovo Testamento, all'infuori delle parabole originali di Gesù, non c'è un uso di questo termine per descrivere qualcosa di umano. Esso ricorre soltanto in riferimento a Dio, nella persona di Gesù, e ai suoi atti[70]. Arrivando alla porta della città di Naim Gesù fu preso da compassione per la vedova il cui unico figlio era morto. Egli la chetò dicendo: Μὴ κλαῖε. In Lc 15, 11-32, il padre ebbe compassione del figlio prodigo[71], e in 10,33 lo straniero, il nemico samaritano, ebbe compassione dell'uomo ferito (Lc 10,33). Marco usa il verbo quattro volte[72] per Gesù che si rivolge alla grande folla senza pastore o affamata dopo tre giorni[73].

Poi, all'infuori di Att 1,18, dove il sostantivo ha il senso materiale di viscere, l'espressione σπλάγχνα οἰκτιρμοῦ è delle virtù dei cristiani. Nelle lettere di Paolo, solo il sostantivo σπλάγχνα esiste. Qui però la parola ha perso completamente non soltanto il senso della compassione naturale dell'uomo, ma anche il senso della misericordia. Fil 2,1 distingue le due parole: la σπλάγχνα è l'affezione, la tenerezza e la compassione, ma οἰκτιρμοί è la misericordia. Il sostantivo diventa il sinonimo di καρδία e di νοῦς per significare l'uomo intero[74]. In 2Cor 6,12, Paolo l'evoca praticamente come equivalente di cuore (καρδία)[75] e dopo come sinonimo di πνεῦμα o della capacità di amare (αγαπη)[76].

---

[67] Sg 12,15.
[68] Pr 26,22.
[69] Sir 33,5
[70] D. A. HUBBARD , J. D. W . WATTS, (ed), *World Biblical Commentary 33B*. Matthew 14-28 (Dallas, Texas 995) 539.
[71] Lc 15,20
[72] J.P. GREEN, 798. Cf Mc 1,41; 6,34; 8,2; 9,22.
[73] Mc 1,41; 3,8; 6,3; 9,22.
[74] G. KITTEL, (ed), *Theological Dictionary of the New Testament* I (Grand Rapids; Michigan 1981)555.
[75] Cf Filem 1,7. 12. 20
[76] Fil 2,1

Cinque volte,[77] Matteo usa il verbo secondo il contesto di necessità, di bisogno o di pericolo. Gesù ebbe compassione della folla affamata,[78] così come dei due ciechi.

La nostra pericope usa il vocabolo in una situazione di debito che non si può pagare nell'arco di vita della famiglia[79]. Qui l'imperativo aoristo μακροθύμησον rileva l'insistenza, l'intensità, la convinzione e il tono della supplica del servo debitore che motivò la compassione del re.

La riposta emerge nel versetto 27 come qualcosa di spontaneo, senza essere introdotta nel discorso dal re, né dall'autore. Due azioni successive e complementari descrivono la pietà del re. Egli lo lasciò andare (ἀπέλυσεν αὐτὸν) e gli condonò il debito (καὶ τὸ δάνειον ἀφῆκεν αὐτῷ). L'uomo-re nei limiti, nella finitudine e nella precarietà può arrabbiarsi, punire, ma anche muoversi a compassione davanti alle sofferenze o difficoltà dei suoi governati. Aggiungiamo che Matteo democratizza la regalità umanizzandola.

Il servo debitore può essere considerato al tempo stesso servo e re, nel senso dell'atteggiamento morale. Ecco l'etica che regge la vita quotidiana tra i fratelli, e che si riassume nell'imitare il "re uomo". Tra di loro, tutti i seguaci di Gesù devono considerarsi "re" e devono muoversi a compassione (σπλαγχνίζομαι) verso gli altri, rimettendo i debiti. E quando Matteo identifica metaforicamente il re con il Padre, fa della compassione paterna un modello etico che la fraternità deve vivere e realizzare nei rapporti quotidiani. D'ora in poi, perdonare non è più soltanto un atto divino ma un dovere di solidarietà verso l'umano.

La compassione si accompagna dall'inizio fino alla fine a tutto il processo del perdono. Vista l'importanza della dinamica della compassione, la riposta di Gesù a Pietro si capisce bene come preparando la parabola: "οὐ λέγω σοι ἕως ἑπτάκις ἀλλὰ

---

[77] G. V. WIGRAM,., *The Englishman's Greek Concordance of the New Testament* (Peabody Massachusetts 1996) 696. Cf Mt 9,36; 14,14; 15,32; 18,27; 20,34.

[78] Mt 14,14; 15,32.

[79] C. MESTERS, M. LOPES, *Misericordia quiero y no sacrificios* (Verbo Divino; Navarra 1999) 90.

ἕως ἑβδομηκοντάκις ἑπτά"[80]. L'espressione "ἑβδομηκοντάκις ἑπτά" non è più una durata ripetitiva di costanza, di condivisione di vita e di solidarietà nell'interiorità e nella corporeità sociale. Si tratta di un accadere, di un getto, di uno zampillo che sgorga dal grembo o dal cuore, coinvolgendo tutta la persona a ogni occasione di peccato o di miseria, per sempre.

3.3 Dinamica di abnegazione integrale: (ἀφίημι ἀπὸ της καρδίας).

3.3.1 Perdonare: una cancellazione, un impoverimento (ἀφίημι)

Nella letteratura greca, αφιεναι significava mandare la freccia, lanciare, scagliare, liberare, sciogliere, lasciare, permettere. Il suo sostantivo αφεσις aveva il senso giuridico di licenziamento, di proscioglimento da un officio[81]. Il verbo ἀφίημι è servito nella LXX a tradurre tutti verbi ebraici che significavano "lasciare" o "lasciare in pace"[82], "togliere" (נשא)[83], "lavare" (סלח)[84], "purificare" (כפר)[85] la colpa[86] (αμαρτια, ανομια, ασεβεια o, specialmente in Gn 4,13, αιτια). Il verbo aveva anche il senso di lasciare andare, lasciare libero, abbandonare o tralasciare, lasciare in pace, permettere, liberare. La LXX introduce una modificazione, trasformando i rapporti con Dio in relazioni giuridiche[87].

Nel Nuovo Testamento, ἀφίημι è "lasciare"[88] in libertà, "rilasciare", "abbandonare"[89], "lasciare in pace", "lasciar stare"[90], "permettere", "concedere"[91]. Il

[80] Mt 18,22.
[81] G. KITTEL, G. FRIEDRICH (ed), *Grande Lessico del Nuovo* 1 (Brescia, 1965) 1356-1357.
[82] E. HATCH, H. REDPATH, 183.
[83] Gn 4, 13 ; Es 32,32.
[84] Lv 4,20 ; 5, 10. 13 ; Num 14,19 ; 15,25 ; Is 55,7.
[85] Is 22,14.
[86] G. KITTEL, G. FRIEDRICH (ed), *Theological Dictionary of the New Testament* I (Grand Rapids; Michigan 1981) 510.
[87] G KITTEL, G. FRIEDRICH, 1356-1356
[88] Mc 1,18 ; 12,19-22 ; Gv 4,28 ; 14,18.
[89] Mc 1,20 ; 10,28 ; 12,12 ; 15,37 ; Gv 3,3 ; 16,28 .
[90] Mc 11, 6; 13,2 ; 14,6; Lc 13,8;Gv 11, 48;Ap 2,20

sostantivo ἄφεσις indica sempre in perdono di Dio[92], la liberazione[93]. Nei sinottici e in Att 8,22, il perdono è, per l'uomo, una necessità imprescindibile, ma egli non può sempre ottenerlo con la preghiera. L'oggetto è spesso τας αμαρτιας[94], αμαρτηματα[95], τα παραπτωματα[96]; la comunità ha coscienza di aver ricevuto il perdono offerto da Dio agli uomini mediante la salvezza operata da Gesù.

In Matteo, ἀφίημι assume il senso di "lasciare"[97] "lasciar cadere"[98] "lasciar fare"[99], "abbandonare"[100]. Nel nostro brano Matteo conferisce al verbo il senso giuridico e profano di rimettere, condonare il debito; δάνειον (Mt 18, 27) e ὀφειλή vi si adoperano per esprimerne il contenuto divino. Il versetto fa una sintesi letteraria e omette l'oggetto che alcuni codici precisano con παράπτωμα .

3.3.2 Καρδία (לֵב): Interiorità ed integralità dell'uomo.

Nella letteratura greca, καρδία è dapprima usata per il cuore, inteso in senso fisiologico, come organo centrale per la circolazione del sangue nel corpo umano o animale, secondo Aristotele. La poesia lo trasforma in centro della vita psichico-spirituale, sede del vivere morale, dei sentimenti, emozioni, passioni ed ira. Per Platone καρδία è l'equivalente dell'anima. Nella Stoa, il vocabolo designava l'organo centrale della vita spirituale, della ragione, da cui provengono il sentire, il volere ed il pensare. Secondo Crisippo ed il suo discepolo Diogene di Babilonia, il cuore è la sede della forza e della padronanza di sé o dell'anima, una κρατια. Parimenti, Diogene attribuisce al cuore la funzione di condurre, guidare e governare l'anima.

---

[91] Mc 1,34 ; 5, 19.37
[92] Mc 2,5ss; Lc 7,47ss; Gv 20,23.
[93] Lc 4,18 ; Rm 3,25 .
[94] Mc 2, 5 ss; Lc 7,47; Gv 20, 23;
[95] Mc 3, 28.
[96] Mt 6,14 ss.
[97] Mt 5,40.
[98] Mt23,23;
[99] Mt 3,15.
[100] Mt 5,24; 18,12; 23,23. 28.

Dal cuore escono le immaginazioni, gli appetiti e la ragione. Riferito alla natura, il cuore è l'intimo, il midollo delle piante, la parte interna della matrice stessa, del seme dell'albero. Filone, filosofo dell'epoca del giudaismo ellenistico, riferendosi all'Antico Testamento (Dt 6,6; 30, 14), ma non conoscendo la concezione biblica del cuore come sede della vita interiore, ne fece semplicemente un simbolo della διανοια o delle βουλαι perché la sua funzione è fisiologica. Per questo traduce il nome Caleb intendendo "tutto il cuore"[101].

Nell'Antico Testamento il vocabolo לֵב (in Akkadiano " libbu") era usato per i desideri di Dio[102]. Nel racconto del diluvio Dio si addolorò in cuor suo (יִּתְעַצֵּב אֶל־לִבּוֹ)[103] a causa della corruzione e della violenza degli uomini. Il libro dell'Esodo usa diverse espressioni, come le seguenti:

חָזַק אֶת־לִבּוֹ [104] rendere il cuore duro ostinato, o o , non tenere cont [105]לֹא־שָׁת לִבּוֹ, non considerare, , כָּבֵד alla forma hiphil, rendere i cuore duro, che diventa in Es 9,34 sinonimo di peccare (חָטָא)[106]. Nel libro dei Giudici, Dalila manipolò i sentimenti del cuore di Sansone per farsi rivelare il segreto della sua grande forza[107]. Il termine לֵב è sede di gioia, di paura[108], di coraggio[109]. Il più valoroso (בֶּן־חַיִל) o il prode (גִּבּוֹ), come Davide ed i suoi soldati, aveva un cuore di leone (לִבּוֹ כְּלֵב הָאַרְיֵה)[110]. Si incontrano altre espressioni, come corrompere il cuore: גָּבַהּ לִבּוֹ [111], avere un disegno di cattiveria (מְלָאוֹ לִבּוֹ לַעֲשׂוֹ), come lo stolto (כְּסִיל). Per il profeta Isaia, il cuore è sede

---

[101] G. KITTEL, (ed), *Grande Lessico del Nuovo V* (Brescia, 1969) 99-207
[102] H. Y. TAWIL, An Akkadian, *Lexical Companion for Biblical Hebrew* (Jersey City 2009) 177.
Cf לֵב come desiderio di Dio; Ger 3,15; 1Sm 13,14
[103] Gn 6,6.
[104] Es 7,22.
[105] Es 7,23 Letteralmente "non mise il suo cuore su", "non fece caso neppure a ciò", cioè Faraone è rimasto indifferente alla manifestazione della potenza di Dio attraverso i prodigi.
[106] Es 10, 1.
[107] Gc 16,15-18.
[108] 1Sam 1,28
[109] Cf 2Sam 19,20
[110] 2Sam 17,10
[111] 2 Cr 26,16

della scienza (דַּעַת), dell' intelligenza (תְּבוּנָה).[112] Geremia ed Ezechiele denunciano il cuore di malvagità (לִבּוֹ־הָרָע)[113] e d'idolatria. Per Giobbe, לֵב è sinonimo di רוּחַ (spirito, soffio, respirazione, vento) e di נְשָׁמָה [114] (soffio, respirazione).

Nel Nuovo Testamento, la concezione di καρδία riprende quella dell'Antico Testamento. Infatti, in Mc 2, 6.8, il cuore è tutta la persona umana, ed è a volte sede di indifferenza, di corruzione, d'impurità, di furti, d'omicidi[115] o di amore[116]. Per Luca καρδία è il centro di coesistenza dialettica del bene e del male (καρδίᾳ καλῇ καὶ ἀγαθῇ), o soprattutto l'organo centrale del corpo e sede della vita fisica (Lc 21, 34). Quanto al Vangelo di Giovanni, una prospettiva apocalittica designa metaforicamente i discepoli come cuori pieni di gioia[117]. Il cuore è centro della vera religiosità, come nel caso Lidia la commerciante[118] e dei pagani[119]. Secondo Paolo il cuore è sede dei sentimenti, emozioni dei desideri e passioni, sorgente di gioia,[120] di pena e di angoscia[121], di amore[122], di desiderio[123], di comprensione, di intelligenza, di pensiero[124], di riflessione, di memoria[125]. Con il cuore l'uomo coltiva la volontà e prende risoluzioni ferme[126]. Così, il cuore rappresenta tutta la persona interiore in contrasto con l'aspetto esteriore, il πρόσωπον. Nel cuore, lo Spirito grida: "Abbà, Padre!"[127]. La lettera ai Ebrei, riprendendo le parole di Geremia, richiama la promessa che Dio porrà le leggi nella loro mente e nei cuori dei suoi[128]. Sin d'ora

---

[112] Is 44,19.
[113] Ger 18,12; Ez 14,4. 7.
[114] Gb 34,14
[115] Mc 6,52 ; 7,21; 8,17.
[116] Mc 12,30.
[117] Gv 16, 22
[118] Att 16,14
[119] Ac 15,9.
[120] Ac 2,26; 14,17; Gv 16,22
[121] Gv 16,6 ; 14, 1.27 ; Ac 2,37 ; 7, 54 ; 21,13 ; Lc 4,8.
[122] 2Cor 7,3 ; 6,11 ; Fil 1,7
[123] Lc 24,32
[124] Ap 18,7; Lc 24,25.
[125] 1Cor 2,9 ; Lc 2,19,51 ;Mc 11,23 ;
[126] 2Cor 9,7; Ac 5, 3.4; 11, 2; 1C 4,5; Lc 21,14; Col 4,8; Gv 13,2; Ap 17,17; Ef 6,2.
[127] Gal 4,6
[128] Hb 8,10 ; 10, 16 :

devono accostarsi a lui con cuore sincero (μετὰ ἀληθινῆς καρδίας), purificati[129], per diventare una lettera di Cristo scritta con lo Spirito su tavole di cuori (ἐν πλαξὶν καρδίαις σαρκίναις)[130]. Quando i pagani per natura agiscono secondo la Legge, sono legge per se stessi[131]. L'espressione molto simbolica "ὁ κρυπτὸς τῆς καρδίας ἄνθρωπος" di 1P 3,4 fa del cuore un corrispondente di tutta la persona umana ricca delle virtù di mitezza e di pace.

Matteo usa quindici volte più di Marco[132] la parola καρδία, sviluppando l'interiorità e la totalità dell'essere sociale, culturale e religioso. Il termine appare per la prima volta nel contesto del discorso sulla montagna[133]. Il macarismo e la felicità condizionati dalla purità di cuore determineranno tutto l'insegnamento sulla misericordia.

Il cuore, sede di tutta la persona umana, deve sviluppare tutte le dimensioni dei pensieri, delle parole e delle opere, della memoria secondo la purità che mantiene il contatto con Dio e con i fratelli. Il cuore è la sede della vera religiosità dove il discepolo deve amare Dio con tutto il cuore, con tutta la anima, con tutta la mente[134]. Gli organi di percezione come l'occhio, il naso, l'orecchio, il tatto, sono al servizio del cuore[135]. Anzi, l'occhio può condurre all'adulterio nel proprio cuore[136]. La bocca esprime ciò che dal cuore sovrabbonda[137] e può contaminare.[138] Dal cuore provengono propositi malvagi, omicidi, adulteri, impurità, furti, false testimonianze, calunnie[139], come dai Farisei, che erano diventati una razza di vipere (γέννημα

[129129] Hb 10,22.
[130] 2Cor 3,3.
[131] Rm 2,14
[132] J. R. Kohlenbergger III,., E. W. Goodrick,., *The Greek English Concordance to the New Testament* (Grand Rapids, Michigan 1997) 2331.
[133] Mt 5,8.
[134] Mt 22,37.
[135] Mt 13,15
[136] Mt 5,28
[137] Mt 12,34
[138] Mt 15,18
[139] Mt 15,19

ἐχιδνῶν)[140], e che si opponevano a Gesù, mite e umile di cuore[141]. Nella parabola del seminatore, il cuore è il campo dove il grano è seminato per produrre frutti[142]. Specialmente, in Mt 12,40, Gesù stabilisce una equivalenza tra il cuore della terra della sua sepoltura (ἐν τῇ καρδίᾳ τῆς γῆς)[143] con il grembo del pesce (ἐν τῇ κοιλίᾳ τοῦ κήτους) della prova di Giona.

3.3.3 ἀφίημι ἀπὸ της καρδίας: il perdono, una abnegazione

La nostra parabola sembra illustrare l'argomento del perdono senza limite, dove il numero settanta volte sette esprime la plenitudine[144]. Si tratta di un numero difficile a precisare[145]. In quel senso, καρδία in relazione con "ἀφίημι" rinvia al verbo σπλαγχνίζομαι e al sostantivo σπλάγχνα, tutti evocando l'intimità dell'uomo e di tutta la sua persona. L'antropologia sottostante è la centralità dell'uomo nella sua dignità, come luogo e centro della manifestazione della presenza di Dio. Inoltre i valori umani devono superare la religiosità (5,23-24), e il vero culto sarà di servire Dio attraverso i fratelli. Gesù ha sacralizzato la persona umana: attraverso il prossimo si raggiunge Gesù stesso. Un'azione cattiva esercitata contro il prossimo è un atto contro Gesù (Mt 25, 31-46). I perdono non è semplicemente dimenticanza o oblio, oppure svista, ma una nuova partenza, un gesto e un atto di speranza[146]. I discepoli sono educati nel discorso sulla montagna a vivere la misericordia (5, 7), la giustizia (5,6.10-12) la pace (5, 9). Matteo evoca la povertà di spirito (πτωχοὶ τῷ πνεύματι)[147] e la purità di cuore (καθαροὶ τῇ καρδίᾳ)[148], facendo di πνεῦμα e di καρδία dei sinonimi. Così, il primo vangelo non soltanto ha creato il quadro letterario e tematico sull'insegnamento sulla

---

[140] Mt12,24.34
[141] Mt 11,29
[142] Mt 13,19
[143] Mt 12,40.
[144] C. MESTERS, M. LOPES, 90.
[145] T. C. LONG, *Mattew* (Louisville, Kentucky 1999) 211.
[146] P. POUCOUTA, *Du neuf et de l'ancien*. L'Évangile de Matthieu en dix étapes (Yahoundé 2004) 105.
[147] Mt 5,3
[148] Mt 5,8

riconciliazione, ma ha soprattutto stabilito lo spirito nel quale i discepoli devono avvolgere tutta la loro vita nel capire e praticare l'intelligenza della legge. Devono evitare di uccidere (φονεύω), adirarsi (ὀργίζω) con il proprio fratello, trattarlo da stupido (ῥακά) o da pazzo (μωρός).

La ripetizione dell'aggettivo ἔνοχος sottolinea il carattere implacabile del giudizio davanti al sinedrio o del fuoco della Geenna. Inoltre, i versetti 23-25 restituiscono completamente la logica ordinaria del processo di riconciliazione e rivelano la dimensione missionaria della misericordia. Qui non è l'offensore che innesca il processo, quanto piuttosto l'offeso. Egli si ricorda (μιμνῄσκομαι) l'atto del fratello che lo ha offeso (ἔχει τι κατὰ), va da lui e si riconcilia (διαλλάσσομαι) con lui. Il versetto 25 esprime la riconciliazione nei termini dell'accordo con l'avversario (εἰμί εὐνοῶν τῷ ἀντιδίκῳ).

Così Matteo rintraccia la dinamica del perdono, che consiste nel sostituirsi all'offensore. Anzi, i seguaci devono amare i nemici (ἀγαπάω τοὺς ἐχθροὺς), pregare per i persecutori[149], rivelandosi perfetti (τέλειοι)[150] come il loro Padre celeste. Mt 6,12. 14, usando lo stesso verbo ἀφίημι per il perdono del Padre e quello dei discepoli, conferma la condivisione del potere regale del Padre con i suoi figli (Mt 18,18). La particella avverbiale ὡς enfatizza la democratizzazione del potere di perdonare. Così, il congiuntivo ἀφῆτε di Mt 6,14, pur esprimendo una ipotetica dell'eventualità, può essere, nel contesto presente, intesa come ipotetica della realtà, ritracciando la concretezza, il realismo e la forza del potere dato all'uomo e facendo del perdonare umano la condizione per ricevere il perdono del Padre. Specialmente il primo vangelo vede nel debito proprio nei confronti dell'uomo un παράπτωμα,[151] una

---

[149] Mt 5,21-44

[150] 5,48.

[151] G. KITTEL, G. FRIEDRICH, *Grande Lessico del Nuovo* X (Brescia, 1975) 315.

La parola "παράπτωμα" dalla particella " παρα" per, verso, in e dea sostantivo "πτῶμα" derivato dal verbo " πιπτω", cadere esprime l'idea di caduta, di crollo, di rovina, di sventura. Il sostantivo "πτῶμα " è soltanto usato da Mt 14,12; 24,28 tra i vangeli con il senso di cadavere, di carogna. Alcune versioni preferiscono "σωμα" sull'influsso di Lc 17,37.

caduta, un crollo, una rovina, nei riguardi del fratello, quindi un corrispondente dell'ebraico esbagliar il fatto disbaglio, una colpa, un peccato, oun errore, un ,[152]חָטָא via o deviare dalla via del dovere e del diritto di qualcuno; è un peccato contro la persona.

La parabola della pecorella smarrita in Mt 18, 12-14, infatti, non porta l'attenzione sul piccolo della comunità matteana, ma sul peccatore, su colui che si è smarrito, perdendo la sicurezza, il controllo, la protezione e il pascolo del Padre celeste. Il discepolo deve andare alla ricerca del fratello peccatore fino a riconciliarsi con lui. Il verbo ἐλέγχω sottintende il quadro e l'ambiente di dialogo franco e amoroso. Il μεταξύ enfatizza la discrezione, il rispetto della dignità della persona per favorire l'ascolto, la coscienza del male e la decisione di risolvere la crisi o il conflitto. In caso di resistenza, si deve prendere "ἕνα ἢ δύο" perché a tre (δύο μαρτύρων ἢ τριῶν) sia risolta tutta la crisi (πᾶν ῥῆμα)[153]. In caso di rifiuto, l'offeso deve rivolgersi alla comunità (τῇ ἐκκλησίᾳ)[154] . In mezzo alla chiesa, Gesù si fa presenza (ἐκεῖ εἰμὶ ἐν μέσῳ αὐτῶν)[155].

Perdonare col cuore è, alla luce della parabola, rimettere totalmente il debito, quale che sia la sua dimensione. L'atto del re si esprime con due proposizioni: ἀπέλυσεν αὐτὸν, lo liberò, rilasciò, e δάνειον ἀφῆκεν, gli condonò (Mt 18,27). Usando il verbo ἀπολύω, Matteo non intende soltanto un "lasciare andare via", ma una liberazione realizzata col tutto il cuore. Così, il perdono emana dal profondo dell'uomo per liberare l'offensore. Rimettere il debito è l'atto di cuore che arricchisce il peccatore ridonandogli la sua dignità umana e sociale e reinserendolo nella sua famiglia e nel possesso dei suoi beni. Il riconciliarsi διαλλάσσομαι con l'avversario è

---

[152] F., BROWN, S. R. DRIVER, *The New Brown, Driver, and Briggs Hebrew and English Lexicon of the Old Testament* (London 1981).
Il verbo ebraico "חָטָא" significa sbagliarsi, commettere un errore, sbagliarsi di via del dovere e del diritto, mancare lo scopo o obbiettivo. Cf Es 5,16; 1Sam 26,21; 2Sam 19,21; 1R 18,9; 2R 18,14.

[153] Mt 18,16
[154] Mt 18,17.
[155] Mt 18,20

dunque una dinamica di triplice dimensione: di compassione, di pazienza e di liberazione del debitore e remissione del debito.

4 ASPETTI TEOLOGICI

4.1 Aspetto ecclesiologico

La chiesa matteana è una fraternità[156] in cerca di socializzazione, di consolidamento dei rapporti e di riconciliazione tra giudei e pagani[157]. Gesù, chiamando Dio "ὁ πατήρ μου"[158] e il membro della comunità ἀδελφός, definisce chiaramente i rapporti tra il Padre e i discepoli. Dio è il Padre della comunità dei Giudei e dei pagani. Più che l'escatologia giudaica compiuta, la chiesa è discontinuità e novità[159]. La nuova comunità è fondata sull'insegnamento e la sua pratica è quella degli insegnamenti di Gesù. La chiesa è fatta dal discepolato. Il μαθητής, usato 73 volte, e ἀκολουθέω, 25 volte, mettono in contatto con Gesù come Maestro[160], e non la Torah. Tutto il capitolo 18, scritto verso gli anni 80-85 d.C.[161], offriva già una visione chiara delle regole basiche per la vita comunitaria. Pietro deteneva, in Mt 16,19, il potere di legare (δέω) e di sciogliere (λύω)[162]. L'interpretazione allegorica, fin dal Medioevo, identifica il servo con il popolo giudaico, il secondo con i gentili, gli aguzzini con gli angeli del giudizio o persino con i distruttori di Gerusalemme, Vespasiano e Tito[163]. La chiesa passa dal clan all'universalismo[164] missionario.

[156] D., MARGUERAT, *Le jugement dans l'Évangile de Matthieu* (Genève 1995) 425.
[157] U. LUZ, *Das Evangelium nach Matthäus*. 3 Mt 18-25 (Zürich 1997) 83.
[158] Mt 18,35.
[159] D. M. GURTNER,., NOLLAND, J., (ed), *Build upon the Rock* (Grand Rapids, Michigan 2008) 173.
[160] D. M. GURTNER,., NOLLAND, J., (ed), 177
[161] J.F., O' GRADY, *The Gospel of Matthew*. Question by Question (New Jersay 2007) 145.
[162] J.F., O' GRADY, 146.
[163] U. Luz, *Vangelo di Matteo* (Commentario Paideia 3; Brescia 2013) 104.

L'appellazione σύνδουλος evoca il legame comunitario che univa i seguaci tra di loro. Sono compagni, quindi sono tutti al servizio dello stesso re, condividendo la stessa dignità sociale e la stessa responsabilità collettiva e vivendo la stessa condizione di lavoro.

La chiesa matteana è infatti comunione vissuta e sperimentata[165]. La comunità nasce dal perdono reciproco[166]. Il perdono non può viversi né nella vendetta, né nell'egocentrismo, né nella sufficienza o nella sopravvalutazione di sé. Perdonare consiste nell'instradarsi verso l'offensore per unirsi a lui nel riparare il male. I discepoli sono simili a tutti gli altri uomini. Sono in grado di commettere tutti i peccati[167]: arrabbiarsi (ὀργίζω), uccidere (φονεύω), trattare il proprio compagno da stupido (ῥακά) o da pazzo (μωρός), avere un avversario (ἀντίδικος), commettere adulterio (μοιχεύω), guardare una donna con desiderio (βλέπω γυναῖκα πρὸς τὸ ἐπιθυμῆσαι αὐτὴν), ripudiare la propria sposa (ἀπολύω τὴν γυναῖκα αὐτοῦ) o sposare una ripudiata (γαμέω ἀπολελυμένην), o spergiurare (ἐπιορκέω), vendicarsi (Οφθαλμὸν ἀντὶ ὀφθαλμοῦ, καὶ ὀδόντα ἀντὶ ὀδόντος)[168], e al tempo stesso diventare debitore (ὀφειλέτης),[169] decidere di vendere tutta la famiglia e i beni di un debitore, soffocare (πνίγω) il proprio compagno o inviarlo in prigione. Il personaggio del debitore spietato è veramente il prototipo dei discepoli della chiesa di Matteo.

Le menzioni dei aguzzini o sbirri (βασανισται), della prigione (φυλακή), del rifiutare (οὐκ ἤθελεν) sono tanti indizi che sottolineano i caratteri umani della chiesa. L'esclusione non è lo scopo finale di Matteo: esso è la riconciliazione. Il potere di misericordia non è un fatto di istituzioni gerarchiche[170], ma il cuore della comunità

---

[164] MAGUIRE, D. C., *Il cuore etico della tradizione ebraico-cristiana.* Una lettura laica della Bibbia (Assisi1998) 289.

[165] U. Luz, 107.

[166] FAUSTI, S., 368.

[167] T. C. LONG, 209.

[168] Mt 5,1-38.

[169] Mt 18,24

[170] D. MARGUERAT, 427.

chiamato ad incamminarsi verso la perfezione. Finalmente, l'uso di ἀφῆτε, verbo al congiuntivo aoristo alla seconda persona del plurale, suppone la responsabilità collettiva che può condurre a volte la chiesa a camminare al fianco di entrambi, l'offensore e l'offeso, durante un processo difficile di riconciliazione, con l'aiuto di una o due persone (μετὰ σοῦ ἔτι ἕνα ἢ δύο)[171], segno di discrezione e di rispetto della dignità[172], o con la chiesa intera (ἐκκλησία)[173].

L'alterità al primo posto è una delle caratteristiche proprie della comunità matteana. Il prossimo è un "alter ego" nella sua corporeità ecclesiale. Pure, solo alla comunità è dato il potere di legare (δέω) e di sciogliere (λύω) sulla terra (ἐπὶ τῆς γῆ)[174] i legami di schiavitù e di peccato. La volontà del Padre è di non perdere (ἀπόλλυμι) nessuno dei suoi piccoli (εἷς τῶν μικρῶν)[175]. La vita di compassione, di pazienza e di perdono dal profondo del cuore conduce a superare i conflitti eventuali nella chiesa. Dio è il cuore della chiesa che chiama alla libertà e alla beatitudine.

4.2 Aspetto cristologico

Matteo utilizza due diversi verbi per distinguere la supplica davanti al re e quella davanti al servo spietato. Il verbo προσκυνέω, che significa "adorare", "prostrarsi davanti a", "fare obbedienza a" è usato da Matteo soltanto per Dio[176] o per Cristo[177]. Invece παρακαλέω, in Mt 18,29, ha il senso di "chiamare", "esortare", "invitare", "chiamare in aiuto", "consolare"[178], "supplicare"[179]. Gesù lo usa una sola volta nel supplicare il Padre. Ma nel nostro brano il verbo παρακαλέω viene adoperato due volte per la supplica del compagno (σύνδουλος). Cosi, il nostro brano

---

[171] Mt 18,16.
[172] F. KUNKEL, *A psychological Interpretation of the Gospel of Matthew* (New York, Mahwah 1987) 201.
[173] Mt 18,17
[174] Mt 18,18.
[175] Mt 18,14.
[176] Mt 4,10
[177] Mt 2,2.8.11; 8,2; 9,18; 14,33; 15,25 ; 20,20; 28,9. 17.
[178] Mt 2,18; 5,4 ;
[179] Mt 8,5.31. 34; 14,34

spiega meglio la bontà[180] del Padre di Gesù che è perfetto (τέλειός)[181]. Gesù è il Figlio del Padre (ὁ πατήρ μου)[182] e il fratello degli uomini. Il discepolo entra nella corporeità di Gesù seguendolo e praticando i suoi insegnamenti per mezzo della fede[183]. Condividendo la vita di perfezione divina trova la propria beatitudine nel perdonare con cuore.

Nel brano, Gesù diventa il cuore della comunità e fa vivere tutti gli uomini della stessa fraternità. Dal profondo del cuore di Cristo scaturisce la misericordia del Padre. Amando i nemici e pregando per i persecutori, i discepoli diventano realmente figli del Padre celeste[184]. Matteo identifica Gesù con ognuno dei piccoli (ἑνὸς τῶν μικρῶν)[185] suoi fratelli, soprattutto nel capitolo 25: con i poveri, con gli affamati, con gli assetati, con gli stranieri, con i prigionieri, con i malati. Fare del bene a uno dei piccoli suoi fratelli è fare del bene a Gesù stesso[186]. La solidarietà cristica si rivela più forte verso i peccatori o gli offensori. In Gesù, la riconciliazione col fratello è più importante del culto (Mt 5, 23-24).

4.3 Aspetto soteriologico:

La missione di Gesù presente nel mondo è manifestare la misericordia del Padre. Egli si trova in mezzo ai puri e agli impuri[187]. La coabitazione dialettica di comunione nella chiesa è l'opera d'educazione e di formazione alla verità del vangelo. L'opera di salvezza di Gesù si sviluppa in misericordia missionaria

---

[180] C.S. KEENNER, *The Gospel of Matthew.* A Socio-Rhetorical Commentary (Grand Rapids, Michigan 2009) 459.
[181] Mt 5,48.
[182] Mt 18,35
[183] D. M GURTNER,., NOLLAND, J., (ed) 179.
[184] Mt 5,45.
[185] Mt 10,18
[186] Mt25,40.
[187] H. FRANKEMOLLE, *Matthäus Kommetar 2* (Patmos Verlag Düsseldorf 1999) 267.

all'interno della comunità e nell'ambiante sociale. Il perdono di Dio è il paradigma del perdono tra gli uomini[188].

Ogni discepolo è un debitore condonato[189]. D'altronde, il primo debito naturale che non possiamo mai pagare è il fatto di essere uomini[190], meraviglia della volontà di Dio, che ci spinge sempre a chiamarlo Padre, a glorificare e santificare la sua presenza in noi e nel cuore del mondo (Mt 6, 9-10). Il perdono accolto, sperimentato e vissuto è il perdono dato[191]. La parabola lo rivela bene, facendo della pazienza, della compassione e del perdono una triple dinamica di rinnovamento dell'essere umano. In Matteo tutta l'opera di salvezza diventa opera di perdono e di misericordia che salva la famiglia e tutti gli averi. La nostra miseria commuove il Signore, ne muove le viscere materne[192] ed interpella la sua clemenza e bontà.

5 RIDEFIZIONE DEL PERDONO E DELLA MISERICORDIA

5.1 Perdono: una dinamica di pazienza.

L'uomo paziente è colui che è capace davanti una crisi o una offesa di trattenersi, di sviluppare la propria capacità di ascoltare il proprio cuore ed il cuore dell'offensore; colui che ritarda la propria collera. Essendo di una grande apertura di mente e di spirito, l'uomo paziente non prende decisioni precipitose o affrettate. Egli si prende il tempo per riflettere e cercare sempre e ovunque il bene degli altri. La sua benevolenza lo conduce a identificarsi con l'offensore.

---

188 C. S. KEENER, *Matthew* (Dowers Grove, Illinois 1999) 291.

189 P. POUCOUTA, 105.

190 LEIVA-MERIKAKIS, E., *Fire of Mercy, Heart of the Word.* Meditations on the Gospel according to Matthew I (San Francisco 1996) 262.

191 O' GRADY, J.F., 147.

192 S. FAUSTI, 367.

Infatti la pazienza è un insieme complesso che integra la considerazione, la vicinanza, la prontezza all'ascolto, il discernimento attento della miseria dell'offensore e la capacità interiore di cancellare l'offesa. Quest'atteggiamento ricorda la regola d'oro di Gesù, che diceva ai sui discepoli: "Tutto quanto volete che gli uomini facciano a voi, anche voi fatelo a loro" (Mt 7,2). I capitolo 5 è ricco di insegnamenti sulla pazienza: mettersi d'accordo con il proprio avversario[193], non opporsi al malvagio e, quando si riceve schiaffo sulla guancia destra, porre anche l'altra[194], amare i nemici e pregare per i persecutori[195].

Nell'usare il verbo κρίνω, criticare, giudicare o condannare, Matteo sottintende gli aspetti di cattiveria e di malvagità nel pensare, parlare, agire che condannano il fratello. Per il primo vangelo, il perdono è, in pratica, la pazienza e la magnanimità in ogni momento della vita. D'ora in poi, essere paziente (μακροθυμέω) coinvolge tutta l'interiorità dell'uomo per andare al di là del peccato e vedere soltanto il bene nei fratelli e promuovere il loro bene, la loro dignità, il loro ritorno sotto la sovranità del Padre celeste.

5.2 *Perdono : una dinamica di memoria compassionevole*

Sebbene il re si ricordi del debito, davanti alla miseria del suo servo egli perdona. La buona memoria è compassionevole, perché suscita sempre la misericordia. Dopo aver riletto il termine σπλαγχνίζομαι nel contesto della parabola, abbiamo scoperto che il perdono è una dinamica che scaturisce dalle viscere o dal grembo, dall'interiorità più intima dell'uomo. Infatti, gli σπλάγχνα, che traduce i termini ebraici רַחֲמִים e בֶּטֶן, simbolizzano il pensiero, la vita, la persona, i sentimenti, l'integralità della persona umana, la memoria. Per Matteo, già da ora, perdonare è muoversi a misericordia, a compassione. Due aspetti meritano di essere sottolineati: il

---

193 Mt5,25.
194 Mt 5,39.
195 Mt 5,40.

dolore e la pietà. Perdonare comprende sempre il fatto di perdere qualcosa della propria persona, dei propri interessi. Perdonare è uno strappo, uno strazio, una lacerazione delle viscere. Il perdono non si dice, ma si decide dal profondo dell'essere e si vive con tutta la propria vita.

La memoria è qui la capacità di assumere l'offesa, non come un masochismo, ma come volontà di sostituirsi all'altro, di condividere la sua miseria. Poi, considerando la persona in sé come un "esse ad" o "esse per", il perdono deve considerare non soltanto la persona nella sua individualità ma anche nella sua densità culturale, sociale, politica e cosmica.

Il re Signore, nel suo condono, non ha soltanto liberato il servo ma ha salvato sua moglie, i suoi bambini e tutti i suoi averi. In questo caso, ci appoggiamo con forza alla dichiarazione di Gesù ai fratelli espressa in precedenza nel versetto 18: "Ἀμὴν λέγω· ὅσα ἐὰν δήσητε ἐπὶ τῆς γῆς ἔσται δεδεμένα ἐν οὐρανῷ, καὶ ὅσα ἐὰν λύσητε ἐπὶ τῆς γῆς ἔσται λελυμένα ἐν οὐρανῷ"[196].

5.3 *Perdono: una dinamica sistolica e diastolica di abnegazione*

Nella chiesa missionaria di Matteo, l'offeso, pur avendo il potere di esibire i suoi diritti di auto-difesa, di vendetta, di giudizio, cambia la logica umana e rinuncia ai propri privilegi legali. Poi prende su di sé il dovere di sostituirsi all'offensore, mettendosi umilmente in cammino verso il peccatore per riconciliarsi con lui. E un rischio doloroso di rottura, di deflagrazione, di frammentazione di sé, è quindi una morte a sé, alla propria dignità, ai propri interessi. Questa violenta apertura traccia il cammino di rinascita, via per la quale risorge l'offensore, nobile e nobilitato, pieno e colmato di gioia, di felicità e di beatitudine. Matteo fa dell'alterità il luogo di reciprocità di "Io" e "Tu", per un "Noi" dove il perdono conserva un benessere culturale più ricco che all'inizio. Perdonare è dunque accettare di perdere la dignità, i

[196] Mt 18,18 : "In verità io vi dico: tutto quello che legherete sulla terra sarà legato in cielo, e tutto quello che scioglierete sulla terra sarà sciolto in cielo".

propri beni, il proprio onore, il proprio valore per arricchire l'offensore. Il fatto contiene in sé due movimenti, una rinuncia a sé, una sostituzione all'altro ed una liberazione.

Condonando il debitore, il re metteva in pericolo non soltanto la sua dignità ma anche la vita economica di tutto il suo regno. Il debito di diecimila talenti è troppo importante nella gestione economica e politica. La decisione non è motivata da una valutazione personale o dai consigli degli esperti economico-finanziari, ma dal profondo del cuore. Perdonare con il cuore si traduce nel sacrificio della propria persona e dei propri averi per salvare l'offensore.

L'evocazione del cuore rinvia agli equivalenti usati dal Matteo : anima (ψυχή)[197], intelligenza o pensiero (διάνοια); la citazione è quella di Dt 6,5 omettendo δύναμις (מְאֹד), che troviamo in Matteo come espressione non della forza fisica ma dello spiegamento, dell'impiego e della diffusione della persona umana nella propria esistenza. Più dell'interiorità espressa in Mt 22,37 (ἐν ὅλῃ τῇ καρδίᾳ), nel contesto del perdono, l'uso di ἀπὸ permette con destrezza letteraria a Matteo di aggiungere al Deuteronomio ἐξ, nell'esprimere il movimento verso l'esteriorità.

Possiamo considerare le due particelle prepositive come equivalenti per esprimere la forza nel togliere. Inoltre, ἀπὸ, esprimendo l'idea di provenienza e allontanamento, sottintende il cuore come simbolo della persona umana. E così non è più necessario a Matteo usare l'aggettivo ὅλος, che manca all'espressione "ἐξ ὅλης τῆς καρδίας "[198]. Perdonare diventa amare (ἀγαπάω) il prossimo come se stesso (ὡς σεαυτόν)[199]. Questa precisione contiene in sé l'idea di identificazione di sé al prossimo **(πλησίον),** chiamato nel contesto ἀδελφός: fratello. La critica testuale, con l'apparato critico, segnala che "τὰ παραπτώματα αὐτῶν", l'oggetto del verbo ἀφίημι, è inserito dalla parte dei cod. Washingtonensis (W), cod. Γ, cod. Δ Sinaitico, la koinè (K),

[197] La LXX traduce l'ebraico « נֶפֶשׁ », carne, persona, essere personale.
[198] Dt 6,5.
[199] Mt 22,29

famiglia·[13ferrar] , minuscoli 33.565. 579. 892.1241. 1424, per identificare il peccato, considerato come un debito. Questi documenti hanno il merito di essere fedeli all'uso abituale in 6,14 e 15, identificando il peccato a tutte le offese che provengono da tutti gli uomini (τοῖς ἀνθρώποις), e non soltanto dai fratelli della comunità ecclesiale.

5.4 *Ridefinizione della misericordia (perdono e memoria)*

Il termine ἔλεος in ebraico (רחם) copre dimensioni socio-culturali, economico-politiche e religiose che il Nuovo Testamento, nel contesto greco-romano, ha sviluppate per esprimere la presenza di Gesù, nel quale Dio si rende presente tra il suo popolo e, finalmente, nell'umanità intera. Σπλαγχνίζομαι, μακροθυμέω, ἀφίημι ἀπὸ της καρδίας, esprimono tutti la misericordia. Per Gesù non si può pensare più in termini legalisti o matematici, ma in termini di spirito, della mente, come dice Herschel H. Hobbs[200], o della vita di perdono. Noi aggiungiamo che la misericordia è la carità eccedente (cf 1Cor 13,5). La grande testimonianza è quella di Gesù che muore sulla croce. : "Ιησοῦς πάλιν κράξας φωνῇ μεγάλῃ ἀφῆκεν τὸ πνεῦμα." [201]. Matteo usa a questo proposito lo stesso verbo ἀφίημι con il sostantivo πνεῦμα, corrispondente di καρδία, equivalente dell'ebraico רוּחַ. Perdonare non è necessariamente dimenticare. Mt 5,23 fa ricorso al verbo "μιμνῄσκομαι" per enfatizzare l'importanza della memoria nel processo psicologico ed etico del perdono. Ricordare un'offesa conduce alla riconciliazione con l'offensore.

La memoria, pur essendo ferita dal male può essere superata. Perdonare è andare con una memoria positiva dal prossimo per manifestargli la misericordia. Il servo spietato aveva perso la memoria del perdono ricevuto dal re. Ma i suoi compagni ne avevano ancora la memoria viva e fresca. Aspettavano dunque la stessa condiscendenza, lo stesso favore dalla parte di quel servitore, ma rimasero delusi. La

[200] H.H., HOBBS, 251.

[201] Mt 27,15.

memoria può condurre a rattristarsi (**λυπέω**).[202] L'avverbio "σφόδρα", corrispondente dell'ebraico " מְאֹד " sottolinea l'eccesso dell'irritazione, dell'esasperazione e dello sdegno dei compagni. Il servo è punito per aver fatto della memoria dell'offesa una forza di resoconto e di vendetta. Esso non aveva una memoria di cuore, quindi una misericordia. La memoria del re a proposito del comportamento del servitore spietato l'ha reso adirato (ὀργισθεὶς)[203]. La memoria del cuore è paziente, compassionevole e piena di abnegazione. La memoria è una cultura essenziale e esistenziale che si muove dal profondo dell'essere di carità, al di là dell'offesa. D'altronde, la nostra analisi ci ha rivelato che σπλάγχνα (רַחֲמִים, בֶּטֶן) e καρδία (לֵב) evocano entrambi materialmente: il primo il grembo e le viscere e il secondo l'organo il più importante nella fisiologia del corpo umano; essi simbolizzano l'interiorità dell'uomo, la sede dei pensieri, dei sentimenti, e della religiosità. Matteo adotta l'antropologia culturale, politica ed economica del giudaismo e dell'ambiente greco-romano e cristiano per riformare la tematica del perdono e della misericordia.

La riconciliazione è un miracolo maggiore di quello di resuscitare un morto[204]. La disposizione a considerare l'offensore come un pagano (ἐθνικός) o pubblicano (τελώνης) in segno di scomunica non è in contradizione con la misericordia di totale abnegazione del nostro brano[205]. Si tratta infatti di una dialettica letteraria di Matteo per suscitare retoricamente l'approfondimento dell'argomento. Tale è il caso della vendita della moglie, dei figli del debitore, ma subito dopo, all'inizio del capitolo 19, Matteo riprende l'indissolubilità del matrimonio nel piano di Dio, secondo Gn 2, 24-25. Dio non è mai disperato dall'uomo. Non perdonare è rifiutare la misericordia di Dio[206].

---

[202] Mt 18, 31
[203] Mt 18,34
[204] FAUSTI, S., 268.
[205] R. PREGEANT, *Matthew* (St Louis, Missouri 2004) 139.
[206] ZANTCHETTIN, L., 196.

5.5 *Prospettiva di una nuova antropologia della misericordia biocentrica*

La misericordia è basata, in Matteo, sull'interiorità dell'uomo nelle sue quadruple relazioni: con Dio, con se stesso, con gli altri e con il cosmo. Questa concezione della relazionalità fa dell'uomo il centro dell'esperienza del perdono e della misericordia. La misericordia copre tutti gli aspetti dell'amore. Gesù ebbe pietà delle folle, diede da mangiare agli affamati, guarì i malati, perdonò i peccati, predicava il vangelo di vita, resuscitava i morti, considerava tutti fratelli. Così, egli manifestava la sua solidarietà con tutti gli uomini, soprattutto i bisognosi. Nella sua apertura su se stesso, Gesù, consapevole della sua missione, cercava sempre di andare in soccorso dell'uomo in pericolo. Tutta la misericordia è operata dal profondo del cuore, dalle viscere o dal grembo quindi, dalla ricchezza interiore dell'uomo. Matteo, usando σπλαγχνίζομαι e καρδία, rinforza l'idea dell'uomo interiore capace di trattenersi, di positivizzare la memoria dell'offesa, di dominare i propri istinti, di riflettere e di scegliere sempre il bene per gli altri. La misericordia è opera del cuore.

L'apertura dell'uomo nelle sue relazioni nella società è capitale per l'esercizio del perdono e della misericordia. Infatti, gli altri sono per l'uomo un "alter ego". L'esperienza della misericordia suscita una dialettica di andata e ritorno. Come i movimenti di sistole e di diastole nella circolazione del sangue, l'uomo misericordioso si muove dal centro della propria vita verso gli altri, fino alla periferia più esterna, quindi la fragilità, la debolezza, la povertà e la misera dell'umanità. E dalla periferia egli riceve la propria riconciliazione, la gioia, la propria fortuna e la vita diretta al centro del cuore. Così, la misericordia diventa vitale per l'essere umano. Quando uno dei due movimenti manca, l'uomo non vive più. La misericordia è dunque intrinseca e indispensabile all'uomo. Chi non perdona, non vive più. Il servo spietato, rifiutando di perdonare al suo compagno e mettendolo in prigione, ha condannato se stesso alla notte dell'esclusione, della decadenza e della morte. Egli fu giudicato dai suoi compagni e dal re. Infatti, Dio non condanna nessuno, ma sono le opere di cattiveria e di malvagità che condannano.

La menzione di σύνδουλος è capitale per l'antropologia del perdono e della misericordia. Questo sostantivo di socializzazione evoca l'alterità come potenza di arricchimento e di auto-realizzazione. La misericordia è naturale che esista nell'essere umano fin dal concepimento e dalla nascita. Condividendo la stessa natura, la beatitudine consiste nel manifestare verso gli altri la bontà, la pietà e la magnanimità che abbiamo ereditato dalla natura, dalla famiglia, dall'associazione, dalla corporazione o dalla comunità nel caso di Matteo. Più l'uomo è misericordioso, più è felice. La quarta apertura è quella sulle relazioni con il cosmo. La misericordia vissuta rinnova il mondo. Il servo perdonato ha ormai ritrovato il diritto naturale e giuridico di ritornare nella propria casa, ai propri beni. La natura gli sorride e il mondo riscopre il suo splendore e la sua dignità. Ma chi rifiuta di perdonare si crea non soltanto la prigione psicologica o spirituale di Merschel H. Hobbs[207], dove i demoni delle tentazioni, delle vendette e della memoria negativa dimorano, ma soprattutto una prigione d'annientamento totale di sé e una morte totale. Il rifiuto di perdonare è un masochismo, un suicidio perché è uccidere in sé l'amore di Dio[208].

CONCLUSIONE

Mt 18, 23-35 è di fatto una parabola del giusto giudizio che non condanna arbitrariamente ma esercita la memoria della misericordia ricevuta. Nella comunità dei fratelli, Dio ha sdrammatizzato il potere regale e ha condiviso la potenza celeste

[207] H.H., HOBBS, 254
[208] FAUSTI, S., 368.

del perdono con la comunità ecclesiale, e particolarmente con ogni individuo (ἕκαστος). Questa fiducia evocata nel legare o sciogliere sulla terra è una responsabilità pesante, che esige una profonda rivoluzione nel cuore. Il perdono è una dinamica nella triplice dimensione di pazienza, di compassione e di abnegazione. Queste tre dimensioni non sono separabili, bensí si compenetrano e si muovono in una dinamica che porta i discepoli ad imitare il Padre celeste nelle loro relazioni comunitarie.

D'ora in poi, i conflitti e i problemi tra i seguaci non sono più una fatalità ma un trampolino per rinforzare le relazioni sociali e cosmiche. Il potere economico, politico, culturale, amministrativo e sociale incarnato dall'uomo re, è ormai fondato sul rispetto della dignità umana. Il re Padre lascia partire il servo debitore e gli condona tutto il suo impagabile debito. Anzi, egli salva l'uomo peccatore con la sua moglie, i suoi bambini e i suoi averi.

Ma la malvagità di questo servo spietato fa meritare la condanna nelle mani degli aguzzini finché egli non avesse restituito tutto ciò che doveva al re. Il suo cuore era chiuso al perdono ricevuto. Gli mancavano la memoria positiva, la pazienza, la compassione e l'abnegazione. Di fatto, egli aveva perso, nella sua cattiveria, la dignità familiare e sociale di σύνδουλος e, meglio, di ἀδελφός. In Matteo la pazienza, la compassione e il perdono sono potenze di protezione della famiglia e di divinizzazione dell'uomo. Insomma, la nostra parabola non è soltanto un'illustrazione dei versetti 21-22.

Il brano rimanda il lettore al discorso della montagna e al dovere di andare a riconciliarsi coll'offensore (5,23-24), ad amare e pregare per nemici e persecutori, a diventare figli del Padre celeste essendo perfetti come lui è perfetto (Mt, 44-45. 46,46-48). Mt 18,33-35 si presenta come un sviluppo in parabole della riconciliazione con l'avversario (Mt 5, 25-26). Il nostro brano spiega e corrobora Mt 6, 12 . 14 nella questione di perdonare a tutti gli uomini "τοῖς ἀνθρώποις", come Dio manifesta la sua giustizia andando alla ricerca della pecorella smarrita, una figura del peccatore (Mt

18, 12-14). Il discepolo usa il potere di perdonare nella chiesa e con la comunità (Mt 18, 15-18) per salvare l'uomo e il suo ambiente sociale, culturale e religioso. La vera riconciliazione è di portata ontologica e cosmica.

BIBLIOGRAFIA

ARDNT W. F., GINGRICH, W., *A Greek-English Lexicon of the New Testament*

AUGUSTINO DE LA CRUZ, P., *Descubre tu presencia.* Vision nueva, intima y audaz de la Virgen Maria a traves del Cantar de los cantares (Zaraza 1984).

BROWN, F., DRIVER, S. R., *The New Brown, Driver, and Briggs Hebrew and English Lexicon of the Old Testament* (London 1981).

COUNTRYMAN, L. W., Forgiven and forgiving (Harrisburg 1998).

DAVIES, W. D., ALLISON, D.C., *Matthew* (London 2004).

DOCKERY, D. S., *The New American Commentary 22* (Nashville, Tennessee 1992).

DRIVER, S. R., *The International Critical Commentary on the Old and New Testaments* (Edinburg 1993).

FAESSLER, M., CARRILLO, F., *L'Alliance du désir.* Le Cantique des cantiques révisé (Genève 1995).

FAUSTI, S., *Una comunità legge il vangelo di Matteo* (Bologna 1999).

FRANCE, R.T., *The Gospel of Matthew* (Grand Rapids, Michigan 2007).

FRANKEMOLLE, H., *Matthäus Kommetar 2* (Patmos Verlag Dusseldorf 1999).

FRIEDRICH, G., *Theological Dictionary of the New Testament* VII (Grand Rapids; Michigan 1982).

GAEBELEIN, F. E. (ed), *The Expositor's Bible Commentary*, 8 (Grand Rapids, Michigan 1984).

GLOTIN, E., *Il cuore misericordioso di Gesù* (Roma 1993).

GRAD, A.-D, *Le véritable Cantique de Salomon* (Paris 1979).

GRASSO, S, *Il Vangelo di Matteo. Un Commento esegetico e teologico* (Roma 2014).

GREEN, J.P. (ed), *The New Englishman's Greek Concordance and Lexicon*, (Peaboby, Massachusetts 1982).

GRILLI, M., LAGNER, C., *Das Matthäus-Evangelium.* Ein Kommentar für die Praxis (Stuttgart 2010).

GURTNER, D. M., NOLLAND, J., (ed), *Build upon the Rock* (Grand Rapids, Michigan 2008).

HARRINGTON, D.J., *The Gospel of Matthew* (Collegeville, Minnesota 1991).

HATCH, E., REDPATH, H., *A Concordance to the Septuagint* (Grand Rapids; Michigan 1998)

HIERS, R.H., *Justice and Compassion in Biblical Law* (New York 2009).

HOBBS, H.H., *An Exposition of the Four Gospels*. The Gospel of Matthew, The Gospel of Mark I (Grand Rapids 1996).

HUBBARD D. A., WATTS, J. D. W.(ed), *World Biblical Commentary 33B*. Matthew 14-28 (Dallas, Texas 1995).

KEENER, C. S., *Matthew* (Dowers Grove, Illunois 2009).

----------, C.S., *The Gospel of Matthew*. A Socio-Rhetorical Commentary (Grand Rapids, Michigan 2009).

KITTEL, G. FRIEDRICH, G (ed), *Grande Lessico del Nuovo VI* (Brescia, 1970)

-------------, *Theological Dictionary of the New Testament* I (Grand Rapids, Michigan 1981).

-------------, *Grande Lessico del Nuovo 1* (Brescia, 1965)

--------------, *Grande Lessico del Nuovo X* (Brescia, 1975)

KOHLENBERGGER III, J. R., GOODRICK, E. W., *The Greek English Concordance to the New Testament* (Grand Rapids, Michigan 1997).

KUNKEL, F., *A psychological Interpretation of the Gospel of Matthew* (New York, Mahwah 1987).

LEIVA-MERIKAKIS, E., Fire of Mercy, *Heart of the Word*. Meditations on the Gospel according to Matthew I (San Francisco 1996).

LONG, T. C., *Mattew* (Louisville, Kentucky 1999).

LUZ, U., *Vangelio segùn San Mateo* (Salamanca 2003).

-------------, *Das Evangelium nach Matthäus*. 3 Mt 18-25 (Zürich 1997).

-------------, *Vangelo di Matteo* (Commentario Paideia 3; Brescia 2013).

MAGUIRE, D. C., *Il cuore etico della tradizione ebraico-cristiana*. Una lettura laica della Bibbia (Assisi1998).

MARGUERAT, D., *Le jugement dans l'Évangile de Matthieu* (Genève 1995).

MATEOS, J, CAMACHO, P., *El Evangelo de Matteo* (Madrid 1981).

MESTERS, C., LOPES, M., *Misericordia quiero y no sacrificios* (Verbo Divino; Navarra 1999).

O' GRADY, J.F., *The Gospel of Matthew*. Question by question (New Jersay 2007).

OPORTO, S.G., *Los cuatro evangelios* (Salamanca 2010).

POUCOUTA, P., *Du neuf et de l'ancien.* L'Évangile de Matthieu en dix étapes (Yahoundé 2004).

PREGEANT, R., *Matthew* (St Louis, Missouri 2004).

RAYMOND, P., *Dictionnaire d'Hébreu et d'Araméen Bibliques* (Paris1991).

---------------, *Dizionario di Ebraico e Aramaico Biblici*, (Roma 1995).

SCHOEKEL, L. A., *Dizionario di Ebraico Biblico* (Torino 2013) .

WIGRAM, G. V., *The Englishman's Greek Concordance of the New Testament* (Peabody Massachusetts 1996).

ZANTCHETTIN, L., *Matthew.* A Devotional Commentary (New Jersey 1997).

Printed by Books on Demand GmbH, Norderstedt / Germany